Der gestiefelte Kater

mit wunderschönen Bildern von

Van Gool

paletti

Vor langer Zeit lebte einmal ein Müller, der hatte drei Söhne. Sie waren sehr arm und hatten nur das Nötigste zum Leben. Eines Tages lag der alte Müller im Sterben. Da rief er nach seinen drei Söhnen und sagte: „Ich hatte nicht viel Glück im Leben und kann euch nur wenig vererben. Die Mühle, der Esel und der Kater sind alles, was ich besitze. Teilt es unter euch auf!"

So erbte der Älteste die Mühle, der Zweitälteste bekam den Esel, und für den dritten Sohn blieb nur der Kater übrig. „Was soll ich mit einem Kater anfangen?", wunderte sich der Jüngste.
Von einer Mühle könnte er leben, und mit einem Esel hätte er vielleicht auch ein Auskommen. Er liebte zwar den Kater sehr, aber was sollte er mit dem Tier anfangen? Er könnte vielleicht sein Fell verkaufen. Aber das brachte er nicht übers Herz.

Betrübt saß er da und jammerte:
„Was soll ich nur machen? Mit dem Kater nach Mäusen jagen? Aber das hat doch keine Zukunft!"
Auch der Kater grübelte. Wie konnte er seinem Herrn helfen? Plötzlich kam ihm eine Idee.
„Lass den Kopf nicht hängen!", sagte er, „kauf mir ein paar Stiefel, einen Umhang und einen Hut, dann wird dein Glück bald vollkommen sein!"

Was hatte der arme Müllerbursche zu verlieren? Nichts!
„Sei's drum!", seufzte er und tat, was ihm sein schnurrendes Erbstück vorgeschlagen hatte. Er nahm sein letztes Geld und ging ins Dorf, um die Sachen anfertigen zu lassen. Jetzt war der Kater zufrieden. Er sah prächtig aus in seinen neuen Gewändern. Damit wollte er sein Glück versuchen.

Der Kater verabschiedete sich von seinem Herrn und lief eilends davon. Der junge Mann grübelte noch lange herum, ob es wohl richtig gewesen war, einem so anspruchsvollen Tier sein Vertrauen zu schenken. Doch der Kater hatte einen Plan, den er augenblicklich in die Tat umsetzten wollte.
Ausstaffiert mit den neuen Gewändern legte er sich unter einen Busch und stellte sich mausetot.
Es dauerte nicht lange, da hoppelte ein Kaninchen herbei, schnupperte und wunderte sich, warum ein so fein gekleideter Kater tot unter einem Busch lag.
Plötzlich sprang der schlaue Kerl auf, packte das verdutzte Kaninchen und steckte es in einen Sack, den er mitgebracht hatte.

Auf dem schnellsten Weg lief er zum Schloss und verlangte den König zu sprechen.

Der Kater wurde in den Thronsaal geleitet, wo er sich höflich verbeugte und sagte: „Majestät, mein gnädiger Herr, der Marquis von Carabas, möchte mit diesem Geschenk seine allerbesten Grüße ausrichten."
„Der Marquis ist ein großzügiger Mann", freute sich der König. „Richtet eurem Herrn meinen ergebensten Dank aus!"
Er ahnte nicht, dass der Kater den Namen frei erfunden hatte.
Am nächsten Tag erschien der Kater wieder vor dem König und brachte ihm Rebhühner als Geschenk seines edlen Herrn.
Der König war erfreut, denn Rebhühner waren seine Leib- und Magenspeise.
„Sag deinem Herrn, dass ich entzückt bin über dieses köstliche Geschenk!", rief er aus.
Als der Kater den Saal verließ, hörte er gerade noch, dass der König und seine hübsche Tochter am nächsten Tag eine Kutschfahrt am Fluss entlang planten.

Der gestiefelte Kater rannte zu seinem Herrn und trug ihm seinen Plan vor: Er sollte am nächsten Tag unbedingt im Fluss baden. Der junge Mann wusste zwar nicht warum, aber als der Kater ihn inständig darum bat und ihm Glück und Reichtum versprach, willigte er schließlich ein.

Als der Müllerbursche im Fluss badete, kam die königliche Kutsche des Weges. Da schrie der Kater aus Leibeskräften: „Zu Hilfe! Der Marquis von Carabas ertrinkt!" Als der König diesen Namen hörte, befahl er seinen Leuten, den jungen Mann zu retten. „Eure Majestät, was für ein Unglück!", rief der Kater, „während mein Herr badete, sind ihm seine Kleider gestohlen worden." In Wirklichkeit hatte das schlaue Tier heimlich die lumpigen Kleider seines Herrn versteckt. Sofort ließ der König für den Marquis die besten Gewänder aus dem Schloss holen.

In den königlichen Kleidern sah der junge Müllerbursche so gut aus, dass ihn die Prinzessin einlud, an der Kutschfahrt teilzunehmen.
„Ich fühle mich geschmeichelt", sagte der junge Mann, als er neben der Königstochter Platz nahm.
Der König sah mit Wohlwollen, dass die Prinzessin Gefallen an dem Gast gefunden hatte.
Doch das war erst der Anfang des schlauen Plans, den der Kater ausgeheckt hatte.
Er eilte der Kutsche voraus, bis er an ein großes Feld kam, auf dem einige Bauern arbeiteten.

„Hört zu!", rief er. „Der König wird bald in einer Kutsche vorbeifahren. Wenn er fragt, wem diese Felder gehören, so antwortet ihr, dem Marquis von Carabas. Wenn ihr das nicht tut, werdet ihr alle eingesperrt."

Die Bauern bekamen es mit der Angst zu tun, versprachen es und machten sich wieder an die Arbeit. Es dauerte auch nicht lange, bis die vornehme Kutsche vorbeikam. Der König ließ sogleich anhalten und fragte die Bauern:
„Wem gehören all diese Felder?"
„Sie gehören dem Marquis von Carabas", antworteten die Bauern und blinzelten ängstlich in Richtung Kater.
„Was für herrliche Felder Ihr habt, lieber Marquis!", staunte der König.
Der junge Müller nickte verwirrt und wusste nicht recht, was er sagen sollte.
Die Prinzessin hielt sein Schweigen jedoch für Bescheidenheit und gewann ihn immer lieber. Der junge Mann hätte gern mit dem Kater über dessen Plan gesprochen, aber der war nirgends mehr zu sehen.
Inzwischen war der gestiefelte Kater längst auf dem Weg zu einem riesigen Schloss, in dem ein böser Zauberer wohnte.

Ihm gehörten auch die fruchtbaren Felder,
an denen sie vorbeigekommen waren.
Mutig huschte der Kater über die Zugbrücke.
Auf sein Bitten hin wurde er umgehend zum
Zauberer geführt.
„Was willst du!", rief dieser barsch.
„Mit Verlaub, großer Meister", säuselte der

Kater, „ich habe viel Ruhmreiches über Euch und Eure großen Zauberkünste gehört."
„So, was denn zum Beispiel?", fragte der Zauberer geschmeichelt.
„Man erzählt, dass Ihr Euch in jedes Tier verwandeln könnt, in einen Löwen oder in einen Elefanten", flötete der Kater.

„Nichts leichter als das!", polterte der Zauberer los. „Ich werde mich in einen Löwen verwandeln und Euch auffressen!" Kaum hatte er das gesagt, nahm er auch schon die Gestalt eines wilden Löwen an. Sein furchterregendes Brüllen ließ das ganze Schloss erzittern. Als der Kater die großen und scharfen Krallen erblickte, war ihm überaus mulmig zumute und er überlegte, wo er sich verstecken könnte. Doch rasch bezwang der listige Geselle seine Furcht und schrie, um das Gebrüll zu übertönen:
„Das ist wirklich beeindruckend, Meister! Große Tiere sind Eure Spezialitität, wie ich gesehen habe. Aber ich kann mir nicht vorstellen, dass Ihr Euch genauso gut in ein sehr kleines Tier verwandeln könnt, zum Beispiel in eine Maus."
Damit hatte er den Zauberer an seiner Ehre gepackt.

Kaum hatte der listige Kater ausgesprochen, war aus dem Löwen mit einem Schlag ein winziges Mäuslein geworden.
„Bravo! Einfach super!", frohlockte der Kater, „jetzt hat es sich ausgezaubert!"
Er schnappte die Maus und fraß sie auf mit Haut und Haaren.
Dann setzte er seinen Hut auf, strich seinen Schnurrbart zurecht und machte noch einen Rundgang durch das Schloss. Allen Dienern schärfte er mit strenger Miene ein, dass sie bald einen neuen Herrn, den Marquis von Carabas, zu begrüßen hätten.

Es dauerte nicht lange, da rollte auch schon die königliche Kutsche in den Schlosshof. Ehrerbietend empfing der gestiefelte Kater die hohen Gäste.
„Willkommen im Schloss des Marquis von Carabas!", sagte er feierlich. „Darf ich den Herrschaften eine Erfrischung anbieten?"

Der König kam aus dem Staunen nicht mehr heraus. Und in Gedanken malte er sich aus, was für einen reichen Schwiegersohn er mit dem Marquis bekommen könnte.
„Das ist ja ein Traum von einem Schloss, mein lieber Marquis!“, schwärmte er. „Nie habe ich ein prächtigeres Bauwerk gesehen. Und die herrliche Parkanlage! Ich kann es kaum fassen.“
Auch der junge Müller konnte kaum fassen, was er sah, doch er verbeugte sich höflich und sagte bescheiden:
„Mein Haus ist auch Euer Haus, mein König!“
Jetzt hatte er das Herz der schönen Prinzessin vollends gewonnen. Hand in Hand besichtigte sie mit dem Liebsten das Schloss. Mit großem Wohlwollen blickte der König auf das junge Paar. Der Kater aber sah ihnen nach und lächelte vergnügt.
„Dabei habe ich nur eine kleine Maus verspeist“, schnurrte er.

Nach dem Rundgang begaben sich alle in den großen Prunksaal, in dem ein Büffet aufgebaut war, bei dem es an nichts fehlte. Der König war so überwältigt, dass er das Glas erhob und dem Marquis die Hand seiner Tochter anbot. Als beide sich einverstanden erklärten, stießen alle auf das glückliche Paar an.

Bald wurde ein rauschendes Hochzeitsfest für das verliebte Brautpaar gefeiert. Im ganzen Königreich läuteten die Kirchenglocken. Alle Bewohner waren eingeladen, Bauern wie Edelleute, Handwerker wie Kaufleute, dazu die beiden älteren Brüder des Bräutigams.

Eine besondere Rolle beim Fest war aber dem gestiefelten Kater vorbehalten: Er durfte die kostbare Schleppe der Prinzessin tragen, und darauf war er besonders stolz. Denn das Glück seines Herrn war jetzt vollkommen.

Nach der Hochzeit begann der Marquis, seine vielen Besitztümer und Ländereien zu ordnen. Seine beiden Brüder, die an seinem Reichtum teilhaben durften, waren erstaunt, was ihr Jüngster alles erreicht hatte. Als sie ihn fragten, wie er denn zu seinem Glück gekommen sei, winkte er ab und sagte:
„Das erkläre ich euch später!"
Was hätte er ihnen auch sagen sollen? Die Geschichte von dem gestiefelten Kater hätten sie ihm eh nicht geglaubt.

Und der Kater? Der war froh, dass er sich endlich wieder wie ein ganz normaler Kater benehmen konnte. Er verbrachte den Rest seiner Tage mit Mäusefangen und war dabei sehr zufrieden.